THE HISTORY OF THE BEST SCHOLAR

狀元養成記

歷代榜首的功成名就

韓明輝 著

目錄
CONTENTS

1

孫伏伽

第一位狀元，搶頭香啦！

在唐朝，一提到敢當面批評皇帝的諍臣，你會想到誰？是不是「國家一級抬槓冠軍」魏徵？

的確，如果不是魏徵一言不合就勸諫，唐太宗開創的「貞觀之治」恐怕要大打折扣。

溜鬚拍馬的讒臣千篇一律，勇於直諫的諍臣萬里挑一！

然而，恐怕很多人都不知道，唐朝還有一個諍臣，即便是魏徵見了他，都要瞬間變成小迷弟。

勸諫這塊，被他拿捏得死死的！

這個人是誰呢？他就是魏徵的偶像兼前輩、中國歷史上第一個有據可查的狀元 ── 孫伏伽。

小知識

唐朝之前有很多朝代，為何中國歷史上第一個有據可查的狀元會出現在唐朝呢？這和科舉制度出現的時間有關，儘管這個時間目前仍存在爭議，但普遍認為出現在隋、唐時期，而隋朝又是短命鬼，所以歷史上第一個有據可查的狀元出現在唐朝就不足為奇了。

事實上，早在隋朝時期，孫伏伽便以小法官的身分出道。

儘管他很有做政治明星的潛質，但一直沒有大紅大紫，混得最好時也只是個處級幹部。

別看孫伏伽混得不怎麼樣，但他每天依然風雨無阻地堅持到圖書館打卡，替自己「充電」。

世界上最可怕的不是有人比你優秀，而是比你優秀的人比你更努力！

等到唐高祖滅掉隋朝建立唐朝後，早已把複習資料翻爛的孫伏伽，信心滿滿地參加了朝廷舉行的第一次科舉考試，並且高中狀元。

十年窗下無人問，一舉成名天下知！

成為狀元郎，雖然讓孫伏伽紅極一時，但真正讓他紅遍大江南北的是他一口氣為唐高祖提出三個建議。

皇帝有諍臣，即便是個暴君，也不至於失去天下！

豔舞和靡靡之音應該統統廢除，以免教壞子孫！

自古以來，國家滅亡大多是由於皇子們身邊的小人挑撥離間造成的，所以應當讓皇子們遠離小人！

病從口入，禍從口出！

小知識

勸諫危險性很高，因為一不小心就會觸犯龍鱗，輕則丟官，重則腦袋搬家。所以，一般人吃不了這碗飯，也不願吃這碗飯。

當所有大臣都在做一天和尚撞一天鐘時，突然冒出一股清流，做為明君的唐高祖能不對孫伏伽另眼相看嗎？所以，不久唐高祖便將孫伏伽破格提拔，還賞了他三百匹帛。

優秀的人值得
被特殊對待！

為了號召大家向孫伏伽學習，唐高祖還讓全國媒體大肆報導孫伏伽的光榮事蹟，並鼓勵大家踴躍轉發。

不轉不是
唐朝人！

後來，唐高祖消滅幾個與他爭奪天下的梟雄。他一面大赦天下，一面要嚴懲這些梟雄的狗腿子。按理說，唐高祖這麼做也沒問題，但孫伏伽卻不認同。

夏桀的狗衝著唐堯狂叫個不停，不是因為他不賢明，而是因為夏桀是狗的主人。說白了，就是大家各為其主罷了。所以說，那幫狗腿子幫助自己的主人收拾你也算不上有錯！

是這麼個道理！

陛下既然赦免了所有人，卻又要嚴懲那幫狗腿子，這不是自相矛盾嗎？所以，陛下應該將那幫狗腿子一併赦免！

那就依你吧！

等到唐太宗即位後，孫伏伽被提拔為大理寺少卿，就是最高法院副院長。

唐太宗平時喜歡騎馬射箭，沒想到這事被孫伏伽盯上了。於是，孫伏伽逮住唐太宗並對他進行一番批評教育。

有一次，唐太宗沒做好情緒管理，碰上一個大臣犯罪，氣得要殺了他。

　　不過，如果讓法院來判，此人罪不至死，但沒有人敢站出來替他求情，因為大家都害怕得罪皇帝。

　　就在這時，不怕死的孫伏伽站了出來。

犯人不是你想殺就能殺！

面對孫伏伽的阻攔，唐太宗不但沒生氣，反而還採納他的
建議，留了個活口。

讓大夥羨慕、嫉妒、恨的是，唐太宗還因為這事把公主家
價值上百萬的莊園賞給了孫伏伽。

有些心裡泛酸的檸檬精，認為唐太宗不該給予孫伏伽那麼多賞賜，但唐太宗卻解釋說——

自我即位以來，還不曾有人向我諫言！孫伏伽是第一個勸諫我的人，這點賞賜又算得了什麼！

陛下這是要廣開言路的節奏啊！

不久，唐太宗便提拔孫伏伽做了大理寺卿，就是最高法院院長。

八字衙門朝南開，有理無錢莫進來！

你被炒魷魚了！

有一年，有個官員認為司農把官家的木材賣得比私人的木材還貴，是為了貪汙公款，便向唐太宗舉報他。

反貪不分你我他，
廉能政府靠大家！

唐太宗立刻把孫伏伽叫了過去，然後讓他替司農定罪。
沒想到孫伏伽的大腦迴路和別人不一樣，不但認為司農沒罪，反而還應該受到表揚。

你腦子進水了吧？

不，是你腦子進水了！

唐太宗很納悶，便向孫伏伽詢問原因。

小知識

孫伏伽是怎麼解釋的呢？他說，官家的木材貴，私人的
木材才顯得便宜；如果官家的木材便宜，私人的木材豈
不是要更便宜？如此一來，老百姓哪還有錢可掙！

孫伏伽的一番話讓唐太宗恍然大悟，連連誇獎孫伏伽見識
廣，司農因此被無罪釋放。

險些冤枉了
好人！

由於孫伏伽口碑好，業績佳，所以後來又做了封疆大吏。一直到做不動了，朝廷才准許他光榮退休。

2

郭子儀

我就是我，是顏色不一樣的煙火

科舉不但有文舉，還有武舉，有點類似今天的文科生和體育生。文舉的第一名稱文狀元，武舉的第一名自然稱武狀元。

但你知道歷史上名氣最大、功勞最多、官職最高的武狀元是誰嗎？沒錯，就是唐代的中興名將郭子儀。

郭子儀的一生憑什麼這麼神氣呢？因為他做了四件非常露臉的事。

一、高中狀元

　　郭子儀打小就喜歡舞槍弄棒，什麼刀槍棍棒他都耍得有模有樣。

閣下骨骼清奇，天賦異稟，一看就是個練武奇才！

閣下好眼力，一看就是練過絕世武功的人！

長大後，郭子儀參加武舉考試，並成功拿下當年的武狀元。

雖然武狀元的名頭不小，但郭子儀卻是從九品芝麻官做起。到了知天命之年，他才做到正三品的大將軍。

二、平定安史之亂

　　就在郭子儀即將舉辦六十大壽的前一年，大唐王朝遇上麻煩了。

　　大胖子安祿山與小夥伴史思明組團發動一場叛亂，史稱「安史之亂」。

> 喝最烈的酒！

> 造最狠的反！

　　安祿山與史思明還挺能鬧騰，三下五除二便殺到都城長安。

　　這下把唐玄宗和楊貴妃兩口子給嚇傻了。唐玄宗瞬間變成「Running Man」，帶著楊貴妃以百米衝刺的速度逃往四川。

做為「中國四大美女」之一的楊貴妃，就是在這次逃亡途中，被叛變的士兵逼死在馬嵬驛。士兵為何要逼死她呢？這事得怪她的堂哥楊國忠。士兵們都認為是愛作死的楊國忠逼反安祿山和史思明，一氣之下，直接將楊國忠亂刀砍死。士兵們擔心楊貴妃會報復，所以又逼得唐玄宗不得不勒死她。

自古紅顏
多薄命！

一看妳，就
知道能長命
百歲！

叛軍來勢洶洶，放眼望去，整個大唐能夠降得住他們的厲害人物屈指可數。

　　就在這時，唐玄宗突然眼前一亮，腦海中浮現出一個名字：郭子儀。

　　於是，唐玄宗一邊逃亡，一邊不忘傳訊息給郭子儀，讓他帶兵平叛。

郭子儀十分夠力，一出馬便把安祿山和史思明的幾個小弟打得屁滾尿流。

唐玄宗成了「Running Man」，總得有個大老闆留下來扛起平叛的大旗吧？就在這時，太子悄悄脫離唐玄宗的「Running Man 團」，擅自登基做了皇帝，史稱「唐肅宗」。

唐玄宗聽說兒子擅自稱帝，是什麼反應呢？心裡肯定恨不得掐死這個不孝子。不過，生米既已煮成熟飯，他只能順水推舟，正式冊封兒子為皇帝，自稱太上皇，把軍國大事一併交給兒子處理。

後來，東都洛陽和西都長安全讓叛軍給占了。再這樣下去，大唐王朝遲早完蛋。

唐肅宗連忙發聖旨給郭子儀，讓他班師回朝，和他商量如何把兩京奪回來。

郭將軍，麻煩到我這裡來一下！

馬上到！

不久，郭子儀便帶著數萬大軍浩浩蕩蕩地去見唐肅宗。

唐肅宗一看，好傢伙，原來我們還有這麼多家當，頓時看到復興的希望。

唐肅宗一高興，不但讓郭子儀統領全國兵馬，還讓他做了宰相。

然而，就在唐肅宗心中復興的火苗熊熊燃燒時，沒想到卻被「鍵盤俠」房琯的一泡尿給澆滅了。

小 知 識

房琯這人對打仗一竅不通，卻自視甚高，主動請纓，征討叛軍。唐肅宗見他很有自信，所以十分放心地把大部分家當都交給他。但讓唐肅宗沒有料到的是，這傢伙不是一般地不爭氣，從開打到結束，一次都沒贏過，最終還搞得全軍覆沒。

我對你刮目相看，你卻讓我跌破眼鏡！

要怪就怪你眼瞎，用人不明！

主力軍折在房琯手裡，唐肅宗只能完全依賴郭子儀的朔方軍了。

萬丈高樓平地起，復興還得仰仗你！

沒過多久，從叛軍那裡突然傳來一則爆炸性新聞：叛軍的大當家安祿山被兒子砍死了。

叛軍自相殘殺，這讓唐肅宗大為振奮，立刻命郭子儀大舉反攻。

去，殺他個天昏地暗，人仰馬翻！

老虎吃豆芽——小菜一碟！

郭子儀像開外掛似的，一舉便收復了長安和洛陽。

等到郭子儀班師回朝，唐肅宗不但親自出宮迎接，還誇他說——

國家能夠浴火重生，全是你的功勞啊！

全是托陛下的福，我才有今天的成就！

一個人太優秀，往往會遭小人嫉恨，尤其是郭子儀這種手握重兵、功高震主的大功臣。有個叫魚朝恩的大宦官，就經常在唐肅宗面前詆毀他。

郭子儀要是靠得住，母豬能上樹！

由於魚朝恩經常嚼舌根，唐肅宗漸漸對郭子儀產生猜忌之心。不久，唐肅宗便把郭子儀召回京城，並奪回他的兵權。

郭子儀從此過上混吃等死的生活。

沒了郭子儀坐鎮，唐軍屢屢被叛軍打成狗，且時有士兵造反。唐肅宗一看局勢馬上就要失控，只好再次起用郭子儀。

就在郭子儀即將出發時，唐肅宗突然得了重病。大臣們帶著康乃馨去看望他，卻都被他拒之門外。

郭子儀只好跪在病房外，痛哭流涕地請求說——

老臣這次出征，說不定哪天就死在外面！見不到陛下，老臣死不瞑目啊！

唐肅宗十分感動，這才准許郭子儀一人進去。一見面，唐肅宗便對郭子儀說——

外面的事就全仰仗你了！

老臣一定赴湯蹈火，萬死不辭！

唐肅宗駕崩後，兒子唐代宗即位。唐代宗和他爹一樣都有一個臭毛病，就是寵信宦官。

有個叫程元振的大宦官擔心郭子儀功高震主，難以控制，便多次在唐代宗面前搬弄是非。

> 郭子儀靠得住，母豬會數數！

唐代宗聽信了程元振的讒言，卸下郭子儀的兵權，還讓郭子儀去替他爹操持葬禮。

> 我爹還差個葬禮主持人，我看你挺合適的，就你啦！

> 你是陛下，你說怎麼辦，我就怎麼辦！

郭子儀這種從死人堆裡爬出來的人，又豈會看不出唐代宗猜忌他！為表忠心，郭子儀將唐肅宗賜給他的一千多件詔書全擺在唐代宗的案頭，讓唐代宗看。

唐代宗看完詔書後，慚愧得無地自容。

臣對陛下的忠心，日月可鑑！

是我以小人之心度君子之腹了！

後來，由於叛軍自相殘殺，最終被唐軍平定，長達七年多的安史之亂總算結束了。

沒有實力的造反，就是送人頭！

不勇敢搏一搏，誰知道自己實力如何！

三、吊打吐蕃

　　就在安史之亂過去還不到一年，來自青藏高原上的吐蕃王朝的大軍殺來了。

> 一波剛平，一波又起，流年不利啊！

　　吐蕃軍太猛了，竟然一口氣打跑了唐代宗，並占領長安。

小知識

吐蕃軍雖然生猛，但還不至於說占領長安就占領長安，但為何吐蕃軍偏偏輕易占領了長安呢？這事都怪程元振。程元振整天隱瞞軍情不報，還冤殺忠臣良將，結果引起公憤。當吐蕃軍一路殺到長安時，各地將領寧願眼睜睜看著長安被攻破，也不願出手相救。

就在吐蕃軍在長安燒殺淫掠時，身在外地的老將郭子儀披上鎧甲，抄起傢伙，殺向長安。

郭子儀可是國際巨星，無人不知，無人不曉。吐蕃軍一聽說郭子儀殺來，頓時嚇得連滾帶爬地跑了。

郭子儀輕輕鬆鬆收復長安，此時，長安被吐蕃軍占領僅僅十五天。

長安雖然收復了，但致使長安淪陷、皇帝流亡這筆帳還是要和程元振清算。於是，百官紛紛上書請求誅殺程元振，以謝天下。

這種害人精就該拉出去槍斃五百次！

那不打成篩子了！

這下，一向囂張跋扈的程元振終於知道害怕了！他擔心回到長安會掉腦袋，便力勸唐代宗定都洛陽。

這麼大的事，唐代宗會聽一個宦官的嗎？你還別說，唐代宗當即就答應了。

只要搞定皇帝，保管百官沒脾氣！

長安是個風水寶地，卻要定都洛陽，不是扯淡嗎？這可把郭子儀氣壞了！

郭子儀立刻勸諫唐代宗，嘴皮子都快磨破了，唐代宗才答應回長安。

跟我走吧，天亮就出發！

走，回快樂老家！

一回到長安，唐代宗不但賞給郭子儀一塊免死金牌，還將他的畫像掛在凌煙閣。

凌煙閣是唐太宗建造的,那麼問題來了:唐太宗為何要建造凌煙閣呢?其實,是為了表彰當初和他一起打天下的那幫功臣。當時,凌煙閣中只掛了二十四位功臣的畫像,其中包括程咬金、秦瓊、魏徵、尉遲恭、李靖等。在唐太宗之後,唐朝的其他皇帝也有樣學樣,將功勞大的大臣畫像也放進去。據說,凌煙閣最多時曾掛了上百名功臣的畫像。

承蒙陛下看得起,一定努力做出新成績!

我拭目以待!

四、智鬥聯軍

就在大家都以為天下就要太平時，曾經當過郭子儀小弟的大將軍僕固懷恩突然造反了。

為了使勝利的天平傾向自己，僕固懷恩向吐蕃、回紇、吐谷渾等國撒了個彌天大謊。

吐蕃等國的人很傻、很天真，還就信以為真了！於是，他們組成一支三十多萬人的聯軍，跟著僕固懷恩一起到大唐砸場。

謊言不可怕，誰信誰尷尬！

當時，郭子儀在涇陽，手下只有一萬多人，一不小心被敵軍包圍了。

你不是挺能打嗎？怎麼被我們包圍了？

輝煌時刻誰都有，別拿一刻當永久！

有一次，郭子儀出來巡城，讓回紇士兵撞見了。

回紇士兵一打聽，沒想到此人竟是已經「去世」的郭子儀，且他們還聽說唐代宗也健在。

難不成郭子儀詐屍了？

還是我們被僕固懷恩騙了？

在「安史之亂」期間，回紇曾是大唐的友軍。大唐能夠收復兩京，回紇也沒少出力。

郭子儀聽說回紇也來助紂為虐，便派人去責備回紇將領。

都怪我們上了僕固懷恩的當！

當初，我們並肩作戰，好到同穿一條褲子。如今，友誼的小船為何說翻就翻呢？

回紇將領請求與郭子儀碰個面。其實，他們是想確認郭子儀到底是不是還健在。

如果郭子儀還健在，那我們惹不起，就考慮要不要打道回府！

如果郭子儀已經去世，哼哼，有大唐好看的！

雖然郭子儀答應與回紇將領見面，但同事們卻不贊同。

敵人太狡詐了，去不得！

敵人的兵力是我們的數十倍，我們不是他們的對手，只能智取！

隨後，郭子儀帶了幾十個騎兵去見回紇將領。回紇將領一看，郭子儀果然健在，立刻獻上膝蓋。

隨後，郭子儀在飯店開了個包廂，邀請回紇將領吃大餐。等回紇將領吃飽喝好後，郭子儀開始做他們的思想工作。

就在回紇還在猶豫要不要和郭子儀結盟時，上帝突然把僕固懷恩帶走了。

小知識

僕固懷恩一死，聯軍頓時失去精神領袖，變成一盤散沙。回紇估摸著聯軍成不了氣候，便答應與郭子儀結盟，偷襲吐蕃。

吐蕃聽說回紇與唐軍暗中聯合要收拾自己，拔腿就跑。

本來想到大唐撈一把，沒想到賠了夫人又折兵！

小知識

吐蕃早被郭子儀三百六十度零死角地監視著，他們一跑，郭子儀立刻帶兵去追。結果，吐蕃被郭子儀追上，十萬大軍折損一半，丟棄的牛、羊、戰馬更是不計其數。

回紇反叛，吐蕃大敗，其他國的軍隊更是不堪一擊，一場戰亂就這麼被郭子儀輕鬆搞定。

只有我一個人覺得自己厲害嗎？

郭子儀對大唐有再造之功，那麼他在大唐都享受了哪些待遇呢？說出來嚇人。

小知識

郭子儀的年薪高達二十四萬貫，如果換算成新臺幣，大約是二十二億元。也就是說，郭子儀年薪二十二億元左右，而且還不包括各種福利津貼。

小知識

每次郭子儀立功，皇帝還會給予他各種賞賜，例如良田、別墅、稀奇珍寶。據說，郭子儀擁有的良田、別墅，數不勝數；稀奇珍寶，更是堆積如山。

希望大家不要仇富！

大家從來不仇富，只仇為富不仁！

知道郭子儀家有多少口人嗎？三千人。可以毫不誇張地說，他連自己的孫子都認不全。

郭子儀有個兒子叫郭曖，娶了唐代宗的女兒昇平公主。

不過，這小倆口愛吵架。有一次，郭曖一氣之下說了句大不敬的話，差點帶來滅門之災。

昇平公主很生氣，立刻跑回娘家，向唐代宗告了郭曖一狀。唐代宗不但沒生氣，反而還對昇平公主說──

　　郭子儀聽說這事後嚇壞了，連忙將郭曖關進小黑屋，然後進宮向唐代宗請罪。

小知識

如果是其他皇帝聽到郭曖這話，很可能會龍顏大怒，降罪郭家。好在唐代宗還算聖明，並未生氣，反而還安慰郭子儀一番，然後將他送出皇宮。為了避免唐代宗猜忌，郭子儀回去後又將郭曖痛毆一頓，打得郭曖差點生活不能自理。

今天不好好教訓你，我們郭家人遲早會死在你手裡！

郭曖和昇平公主吵架這事，還被後人改編成戲劇，名叫《醉打金枝》。講的是昇平公主在郭家刁蠻任性，不尊重公婆，郭曖一直看她不順眼。後來，郭曖喝了點酒，藉著酒勁，將昇平公主痛毆一頓。昇平公主遭遇家暴，氣沖沖地跑回皇宮向老爸哭訴，郭子儀連忙將郭曖扭送進皇宮請罪。在唐代宗和郭子儀的調停下，郭曖夫妻才和好如初。

等到唐代宗的兒子唐德宗即位，郭子儀被調回朝廷，並被唐德宗尊稱為「尚父」。

什麼是「尚父」呢？就是值得尊敬的父輩。大臣能被皇帝視作父輩，這是一種莫大的榮譽。輔佐周武王滅掉商朝的姜子牙就曾被周武王尊稱為「尚父」。

沒過幾年，郭子儀便去世了，享年八十五歲。

唐德宗不但追贈他為太師，還為他輟朝五日，並逾越禮制，將他的墳墓增高一丈。

3

王維

沒辦法，我就是這麼強大

唐朝的詩人都非常有個性，例如，李白豪放，杜甫憂傷，杜牧高冷……但說到「佛系」，恐怕沒有人比得過「詩佛」王維。

本人佛系追星：不接機，不合影，不控制評論！

本人佛系購物：不殺價，不負評，不晒圖！

本人佛系養生：想起來就泡兩杯枸杞，想不起來就喝可樂、雪碧！

然而，就是這樣一個不爭不搶、不悲不喜的佛系詩人，卻有著讓他人十分豔羨的人生。

與其臨淵羨魚，不如退而「學習」！

　　九歲時，當別人家的孩子還在被家長拉著報名各種作文輔導班時，王維已經開始在各大詩刊上發表詩歌了。

別的小朋友還只會花爸媽的錢的時候，我已經靠稿費實現經濟自由！

十七歲時，王維大筆一揮，就是一首流傳千古的名詩：

〈九月九日憶山東兄弟〉
獨在異鄉為異客，每逢佳節倍思親。
遙知兄弟登高處，遍插茱萸少一人。

　　意思是說，我獨自在外地漂泊，成為他鄉的客人。每逢佳節來臨，就倍加思念家鄉的親人。回想起以前兄弟們在重陽節登高望遠時，都會在頭上插上驅災辟邪的茱萸，但傷心的是今年唯獨少了我。

二十出頭時，王維便打敗無數考生，一舉奪得狀元。

雖然王維的文采蓋世無雙，但你真以為他僅靠文采吃飯嗎？沒這麼簡單！他還叱吒畫壇和華語樂壇。

在畫壇，王維的畫千金難求。北宋大詩人蘇軾曾誇他說——

味摩詰（王維的字）之詩，詩中有畫；觀摩詰之畫，畫中有詩！

在華語樂壇，王維是大家公認的「大唐小曲庫」。隨便拿一段樂譜或歌詞給他，他立刻就能猜出是哪首歌。

此外，王維的很多詩還被譜成流行歌曲。可以毫不誇張地說，他的詩捧紅了無數歌星，就連大唐歌王李龜年都搶著唱他的詩。

王維寫過一首名叫〈送元二使安西〉的送別詩，就曾被譜成歌曲，且常年霸占「流行金曲排行榜」榜首。詩中是這麼寫的：

　　渭城朝雨浥輕塵，客舍青青柳色新。
　　勸君更盡一杯酒，西出陽關無故人。

　　大意是說，渭城早晨的細雨打溼了地面上的塵土，旅館旁邊的楊柳樹顯得愈發青翠欲滴。老鐵啊，再喝一杯美酒吧，向西出了陽關恐怕很難再碰到老朋友。

做為叱吒詩壇、畫壇和樂壇的三棲明星，王維的粉絲遍布天下。諸王、駙馬都將他當座上賓，唐玄宗的兄弟都待他如師友。

閣下，人見人愛，花見花開，鳥見鳥呆，怪獸見了也變乖！

小知識

有一件非常奇怪的事，雖然王維走到哪都不缺鮮花和掌聲，但不知為何，大唐的大老闆唐玄宗卻偏偏對他不感興趣，甚至很不喜歡他。

後來，唐玄宗以讓王維去塞外為將士們送溫暖的名義，將王維踢出京城。

生活將我們磨圓，是為了讓我們滾得更遠！

到達荒無人煙的沙漠時，鬱悶的王維揮手在沙地上寫下一首名詩：

〈使至塞上〉

單車欲問邊，屬國過居延。

征蓬出漢塞，歸雁入胡天。

大漠孤煙直，長河落日圓。

蕭關逢候騎，都護在燕然。

大意是說，我騎馬去慰問邊關的將士，曾路過大唐屬國的居延。我如同隨風飄零的蓬草一樣飄出漢塞，又如同北歸的大雁飛入胡人居住的上空。浩瀚沙漠中的孤煙直上雲霄，黃河邊上的落日又大又圓。到蕭關時，遇到偵察騎兵，他們告訴我都護（邊塞的長官）正在燕然。

被踢出京城還不是最糟的，更糟糕的是他好不容易回到京城，卻碰上安史之亂。

唐玄宗跑得快，成功躲過一劫，但王維卻很悲摧，被安祿山的人活捉。

我們的口號是：
一切優先保護陛下！

王維不願為叛軍打工，但又怕拒絕叛軍會替自己招來殺身之禍，便偷偷吃藥，使自己暫時說不出話來。但讓王維哭笑不得的是，叛軍首領安祿山竟然是他的粉絲，說什麼都要把他搞到洛陽，並強迫他擔任偽職。

跟我混，年薪百萬不是夢！

不好意思，不是人人都喜歡金銀財寶！

有一次，安祿山在凝碧宮請狗腿子們吃大餐，還讓俘虜來的御用歌手唱歌助興。

王維聽說後，悲痛地寫下〈聞逆賊凝碧池作樂〉，以抒發自己的亡國之恨。詩中是這麼寫的：

萬戶傷心生野煙，百官何日再朝天？
秋槐葉落空宮裡，凝碧池頭奏管弦。

意思是說，家家戶戶都在為安史之亂導致的生靈塗炭而難過，什麼時候能重現百官朝拜天子的盛況呢？秋天的槐葉飄落在空空如也的宮殿裡，可安祿山那個挨千刀的卻在凝碧池邊逍遙地彈奏小曲。

後來，安史之亂被平定，王維以安祿山的偽官的身分被押回長安，等待被治罪。按律應該槍斃，而恰恰是〈聞逆賊凝碧池作樂〉救了他一命。

小知識

當時，皇帝已經變成唐玄宗的兒子唐肅宗。唐肅宗一向憎恨叛徒，本來想嚴懲王維，但有一天他突然看到王維寫的〈聞逆賊凝碧池作樂〉，反而對他大加讚賞。就在這時，王維的弟弟請求降職為哥哥贖罪，唐肅宗立刻下令赦免王維，還給他一個官位做。

詩是我的命！

詩有時候還能救命！

經歷過大風大浪後，王維變得愈來愈佛系，且漸漸迷上佛教。

小知識

王維每天除了工作，就是焚香獨坐，專心誦經。知道王維為何被稱為「詩佛」嗎？就是因為他信佛，且他的詩總是充滿禪意。

信佛祖，
得永生！

六十一歲那年，王維平靜地去世了。

去世前，看淡生死的他依然十分佛系，沒有一絲悲傷，也沒有一絲不捨。

悄悄的我走了，
正如我悄悄地來；
我揮一揮衣袖，
不帶走一片雲彩！

多年以後，王維有個粉絲做了皇帝，就是唐代宗。唐代宗想要收藏偶像的詩，便對王維的弟弟說——

你哥哥的詩名早已滿天下，朕曾多次聽到別人演唱他的詩，實在太喜歡了，希望你能把他的詩統統獻出來給朕！

沒問題！

王維一生寫過數千首詩，不過經歷過安史之亂後，僅留下四百餘篇。王縉將它們悉數獻給唐代宗，唐代宗收到後，簡直如獲至寶。

得王維之詩，勝過得黃金萬兩！

4

賀知章

我也想低調，但實力不允許啊！

說到「狂」，從古至今，在詩壇恐怕沒人比得過「詩狂」賀知章。

狂，是一種姿態，它讓我活得無可替代！

　　年少時，賀知章便靠寫得一手好詩而名揚天下。

我也想低調，但實力不允許啊！

每次他公開發表新作品時，粉絲們都會瘋狂按讚，打賞，好評，轉發。

賀仔，你是詩壇
最閃亮的星光，
我為你喝采！

賀知章有一首叫〈詠柳〉的詩，曾經在全國洗版。詩中是這麼寫的：

　　碧玉妝成一樹高，萬條垂下綠絲絛。
　　不知細葉誰裁出，二月春風似剪刀。

　　意思是說，高高的柳樹上長滿了像碧綠色的玉一樣的新葉，垂下來的柳枝如同上萬條隨風舞動的綠色絲帶。這細細的柳葉是誰剪出來的呢？Oh, my god！原來是二月裡的春風，它就像是一把靈巧的剪刀。

不會背這首詩的朋友，你好意思說自己會背唐詩嗎？

有個親戚是賀知章的鐵粉，他曾誇賀知章說——

哎呀媽呀，賀知章太有才了！我一天見不到他，感覺自己就會變成大老粗！

　　三十七歲時，賀知章參加科舉考試。女皇武則天看完他的試卷，瞬間被他圈粉，且當場欽點他為狀元。

新科狀元，非你莫屬！

陛下英明！

賀知章彷彿只為寫詩而生，如果你讓他寫詩，他文不加點，一氣呵成。但是，如果你讓他去做點別的，他立刻能給你搞砸。

　　開元年間，唐玄宗曾讓賀知章修撰書籍，做了很多年，也沒做出什麼成績。

後來，唐玄宗又讓賀知章擔任禮部的二號長官——禮部侍郎。有位王爺去世，皇帝讓賀知章挑選出殯時牽引靈柩並唱輓歌的輓郎，結果他把事情搞砸了。

為王爺做輓郎，那是一件無上光榮的事！

很多原本該選上卻沒被選上的官宦子弟紛紛堵在賀家大門前，扯著嗓子大吼大叫，要討個說法。

賀知章出不了門，只好爬到牆頭替大家解決問題，搞得十分狼狽，以至於大家都嘲笑他。

唐玄宗見賀知章無法勝任禮部侍郎這個職位，只好又替他換了個工作。

別看賀知章工作能力不怎樣，但喝酒的能力卻是頂呱呱，而且一點都不輸千杯不醉的「詩仙」李白。

賀知章喝醉是什麼狀態呢？消息靈通人士杜甫曾記錄下讓人噴飯的一幕：

知章騎馬似乘船，眼花落井水底眠。

大意是說，賀知章喝醉了，騎著馬搖搖晃晃，就像坐在船裡一樣。他兩眼昏花，一不小心栽在枯井裡，便躺在井底呼呼大睡起來。

說起來，賀知章還與李白交誼匪淺：李白是賀知章的酒友，而賀知章則是李白的伯樂。

李白還沒有大紅大紫前，曾拿著自己的詩去拜訪賀知章，其中包括他的代表作〈蜀道難〉。賀知章看罷，對李白讚不絕口，還誇他是「謫仙人」。

隨後，相差四十二歲的賀知章與李白成了忘年之交。

小知識

有一次，賀知章邀請李白到酒吧喝酒，卻忘記帶錢。當時，沒有其他支付方式，賀知章便把隨身攜帶的金龜拿去換酒喝。

錢財乃身外之物，與知己共飲才是人生快事！

沒有你，就沒有我李白的今天！感恩！

小意思！

小知識

李白為何能見到唐玄宗，且成為他的御用詩人嗎？其實，全仰賴賀知章的大力推薦。

晚年，狂傲不羈的賀知章還替自己取藝名叫「四明狂客」。

小知識

「四明狂客」是什麼意思呢？所謂「四明」，其實指的
是四明山，位於賀知章家鄉附近。「四明狂客」的意思
就是來自四明山的狂傲不羈之人。

後來，賀知章生了一場大病，從此變得精神恍惚。無法再
繼續為國發光發熱，便向唐玄宗申請退休，並懇求做一名道士。

老闆，我要退
休，回老家！

准了！退休金會
按時匯到你的銀
行帳戶裡！

離京前，唐玄宗親自寫詩為賀知章送別，太子和百官還親自為他踐行。

　　此時此刻，賀知章已經幾十年沒有回過浙江老家了。

　　一回到老家，迎接他的不是老鄉見老鄉，兩眼淚汪汪，而是物是人非。他不無感慨地寫下〈回鄉偶書〉一詩：

少小離家老大回，鄉音無改鬢毛衰。
兒童相見不相識，笑問客從何處來。

　　意思是說，我年少時便離開家鄉，到了晚年才回來。我的家鄉話雖然沒什麼改變，但鬢角的毛髮卻已經稀疏。小朋友見

到我，沒有一個認識的，還笑著問我，這位客人是從哪個旮旯來的。

回到家鄉不久，賀知章便去世了，享年八十六歲。

5

柳公權

不想當書法家的諍臣，不是好狀元

如果將中國歷史上所有的狀元聚在一起，舉辦一場書法比賽，你們猜誰會奪冠？當然是唐朝的大書法家柳公權。

柳公權的書法骨力遒勁，自成一派，還被稱為「柳體」。

知道柳公權在書法界是什麼地位嗎？大家應該都聽說過大書法家顏真卿吧？他與顏真卿齊名，人稱「顏柳」。此外，他還與顏真卿、歐陽詢、趙孟頫並稱「楷書四大家」。

我們是楷書界的F4！

唐朝有個皇帝是柳公權的鐵粉，他對柳公權的書法評價特別高。

即便是「書聖」王羲之、「楷書鼻祖」鍾繇在世，也無法超越柳公權！

　　知道同時代的人對柳公權的書法痴迷到什麼程度嗎？
　　這麼說吧，王公貴族去世時，如果他們的子女不請柳公權為他們書寫碑誌，人們會認為他們的子女不孝。

柳老師，我們能不能做孝子，就全指望你了！

放心吧，我會成全你們的孝心！

可以毫不誇張地說，柳公權僅靠替別人寫碑文賺的錢，就足以讓他登上「大唐富豪榜」。

如何用一句話證明你很有錢？

購物從來不問價！

柳公權的書法不但在國內大受歡迎，在國外也同樣大受歡迎。前來大唐進貢的外國使臣，通常會帶上一筆專款，用來購買柳公權的書法作品。

柳老師是名副其實的世界級巨星！

柳公權固然是靠書法聞名天下，但很多人卻不知道，他還經常靠才華和勸諫圈粉。

一、才華

柳公權打小就是個學霸，十二歲開始在報紙、雜誌上發表詩詞歌賦，三十歲左右便高中狀元。

大家都聽說過號稱「才高八斗」的大才子曹植能在七步之內寫完一首詩吧？

曹植夠厲害了吧？但柳公權比他還厲害，柳公權寫完一首詩僅需要三步！

小知識

有一年，皇帝做了一件利國利民的事。柳公權大筆一揮，寫了一篇讚美他的文章。皇帝不滿足，讓他寫詩祝賀，柳公權大筆一揮就是一首詩。皇帝故意刁難他，讓他再寫一首。沒想到柳公權僅僅走了三步，便寫下一首詩。

曹植七步成詩，而你竟然能三步搞定，簡直厲害得不要不要的！

一般一般，天下第三！

二、勸諫

有個只知道吃喝玩樂的皇帝曾向柳公權請教，如何才能寫得一手好字，沒想到柳公權竟然回答說——

心術端正，運筆自然端正；運筆端正，自然就能寫得一手好字！

你這是在諷刺我心術不正嗎？

俗話說，聽話聽音，鑼鼓聽聲。皇帝豈會聽不出柳公權是在藉書法勸諫他？所以，他開始有所收斂。

後來，有個以節儉自居的皇帝和大臣談到節儉時，舉起袖子，非常自豪地對大臣說——

就在大臣們爭相拍皇帝馬屁時，唯獨柳公權一人默不作聲。皇帝問其原因，柳公權當即潑了一盆冷水給他。

皇帝應該注重選拔賢臣，罷免奸臣，採納臣子們的勸諫，賞罰分明！

穿洗過的衣服不過是小節罷了，對治理國家沒有多大好處！有什麼好炫耀的呢？

　　當時，在場的官員聽完柳公權的話差點嚇到閃尿，但柳公權卻十分淡定。
　　皇帝見他頗有諍臣風度，便讓他做了諫議大夫，專門負責提意見給皇帝。

良藥苦口利於病，忠言逆耳利於行啊！

陛下英明！

縱觀柳公權的一生，其實他稱得上是一個「斜槓青年」，因為他同時擁有狀元、書法家、才子和諍臣四重身分。

雖然我以狀元的身分出道，以書法家的身分紅遍天下且名揚後世，但才子和諍臣的身分也沒少為我增添色彩！

八十八歲那年，柳公權去世。眾人聽說後，無不悲痛惋惜，尤其是那些喜歡他書法作品的人。

老爸，做為你的兒子，我注定要成為不孝子了！

此話何意？

6

王嗣宗

一半是天使，一半是魔鬼

文舉與武舉不同，文舉比的是才華而非拳頭，但你能想像有人在文舉中靠拳頭贏得狀元嗎？

　　北宋時期，曾出現過這麼一位狀元，他就是號稱「手搏狀元」的王嗣宗。

王嗣宗為何靠拳頭贏得狀元呢？

原來，當初他參加考試時，宋太祖發現他與另外一名考生的試卷難分伯仲，一時間不知道該選誰當狀元。

就在這時，宋太祖突然靈光乍現，想到一個非常奇葩的辦法。

很快，考場上發生歷史上最讓人哭笑不得的一幕：兩個考生在眾目睽睽之下，撸起袖子，打了起來。

王嗣宗人高馬大，三下五除二便將對手打趴。就這樣，狀元被王嗣宗收入囊中。

高中狀元，自然官運亨通。然而，大家卻發現做了官的王嗣宗卻擁有兩副面孔。

一、「天使」王嗣宗

王嗣宗在秦州做官時，知府是個暴力狂，沒少做逼良為娼的事。

別看知府是王嗣宗的頂頭上司，王嗣宗卻毫不留情地把他批評一頓。

知府很生氣，當即將王嗣宗關進監獄，還暗中指使地痞流氓誣陷王嗣宗濫用刑罰。

幸虧朝廷派人去查核時，發現王嗣宗是被冤枉的，才把他放了。

批評知府還不算什麼，王嗣宗連皇帝都敢批評。

當時，做皇帝的是宋太祖的弟弟宋太宗。宋太宗疑心很重，經常派探子到全國各地暗中監視大臣，沒想到這幫探子一到王嗣宗的地盤就被他給抓起來了。王嗣宗明知道他們是皇帝的人，卻仍然將他們捆成粽子，押送到京城，還上書挖苦宋太宗說：「陛下不信任天下英才，卻讓這幫宵小之輩充當耳目，我真替你感到臉紅！」這下可把宋太宗氣壞了，當即將他罷官，然後打入大牢。不過，說起來王嗣宗的運氣還挺不錯，不久便遇到大赦，又官復原職了。

正直的人，
運氣都不會
太差！

王嗣宗不但敢懟天懟地懟空氣，連鬼神也敢懟。

有一年，他在同州做官。當地老百姓都非常迷信，迷信到什麼程度呢？有病不吃藥，卻到神廟祈禱。

王嗣宗二話不說，把神廟拆了，結果氣得老百姓紛紛罵娘。

隨後，王嗣宗又為病人請醫生，開藥方。大夥見吃藥比祈禱更管用，才漸漸不再迷信鬼神。

還有一次，王嗣宗在邠州做官。城東有座靈應公廟，旁邊有很多山穴，裡面住著一群狐狸。

巫師聲稱這些狐狸能為人類帶來福禍，周圍的老百姓對此深信不疑，不管碰到什麼麻煩，都會去廟裡祈禱。

以前，官員來邠州上任時，都會先到廟裡祭拜一番。然而，等到王嗣宗來上任時，他卻將廟給拆了。

更讓當地民眾震驚的是，他還放火用煙將山穴中的狐狸熏出來，然後抓住，全部殺掉。

從那以後，邠州的老百姓再也不敢胡亂祭祀了。

更可笑的是，有一年王嗣宗生病了，家人燒紙錢為他祈禱。王嗣宗看到後，不禁哈哈大笑道——

二、「魔鬼」王嗣宗

王嗣宗有個臭毛病，誰得罪他，他就想把誰打倒，恨不得再踩上一萬隻腳，讓他永世不得翻身。

有一年，王嗣宗想將副宰相拉下馬，然後取而代之，便百般詆毀副宰相。

　　為了增加籌碼，王嗣宗有意結交宰相的弟弟，想藉此獲得宰相的幫助。豈料宰相偏偏瞧不上王嗣宗，反而有意庇護副宰相。這下惹惱了王嗣宗。

王嗣宗為了報復宰相，便各種找碴。你別說，還真讓他找到了，且這事和大聖人孔子的後人孔冕有關。

有個負責起草詔令的官員叫王曾，他的堂妹是孔冕的老婆，但小倆口感情一直不好。

有一次，王曾去孔冕家作客，沒想到喝了孔冕的茶卻突然中毒，好在及時撥打「一一九」，才撿回一條命。

今後，打死都不去孔冕家喝茶了！

孔冕雖然是孔聖人的後代，但人品卻不怎麼樣。王曾中毒，八成是他幹的。礙於孔冕是聖人的後代，王曾上書不追究此事。宰相怕影響不好，有意替孔冕隱瞞此事。

做聖人的後代，不怕犯事！即便把天捅一個窟窿，也有人替你頂著！

岂料這事讓王嗣宗聽說了，他故意向皇帝顛倒黑白說王曾蓄意誣陷孔冕，宰相竟然還有意包庇王曾。

皇帝不明真相，把宰相叫來，痛罵一頓。宰相十分委屈地向皇帝解釋一番，皇帝才發現自己冤枉了他。

王嗣宗見宰相沒有受到責罰，仍舊不死心，繼續找碴。
宰相不和他一般見識，就沒搭理他，結果王嗣宗白忙一場。

還有一次，有個叫种放的大隱士得罪了王嗣宗。

當時，种放打算回終南山隱居。途經一家「五星級旅館」時，王嗣宗畢恭畢敬地接待他。但种放這人酒品有點差，喝醉後對王嗣宗態度十分傲慢，王嗣宗很生氣，便嘲諷他。不料，种放反脣相譏道：「你不過是靠打架贏得狀元，有什麼可猖狂的！」王嗣宗最討厭別人拿這事說他，差點氣死。

長這麼大，我從來沒見過比我還囂張的人！

這次就讓你長長見識！

不久，王嗣宗便寫了一封揭發种放與他七大姑、八大姨種種不法行為的奏表給皇帝，並懇請將种放遷往嵩山。

皇帝一向寵信种放，又怕王嗣宗找他麻煩，便把他遷到了嵩山的南邊。

縱觀王嗣宗的一生，他一直在戰鬥：鬥酷吏，鬥仇敵，鬥皇帝，鬥鬼神⋯⋯

與天鬥，與人鬥，
其樂無窮！

七十八歲時，王嗣宗病逝了，依依不捨地告別戰鬥了一生的人間。

還是你了
解我！

這下閻羅王恐
怕要遭罪了！

7

張孝祥

不怕不識貨，就怕貨比貨

做為南宋時期的狀元，張孝祥打小就是個神童，且擁有兩大「特異功能」：一、讀書過目不忘；二、頃刻之間便能寫出一篇數千字的滿分作文。

不過，在二十三歲那年，張孝祥去京城參加科舉考試中的最高一級考試「殿試」時，差點與狀元失之交臂。

這個後臺強大的考生是誰呢？他就是大奸臣秦檜的孫子
——秦塤。

小知識

大家都聽過秦檜吧？這是一個壞得頭頂長瘡、腳下流膿
的大奸臣。做為權傾朝野的宰相，秦檜在國內作威作
福，飛揚跋扈。然而，每當南宋的死敵金國打來時，他
便主張認輸、割地、納貢。自己沒骨氣就算了，還樂此
不疲地殘害那些有骨氣的抗金人士，抗金名將岳飛就是
慘死在他手裡。

為了幫秦塤考上狀元，秦檜沒少幹缺德事。

愛國詩人陸游就曾因為在考試中壓秦塤一頭而差點前程盡毀。

小知識

起初，在類似於鄉試的鎖廳試中，秦檜曾暗示主考官將秦塤列為第一名，但主考官不吃他那一套，將才華橫溢的陸游排在第一名，秦塤則成為第二名。秦檜本來就挺生氣，不料到了第二年會試，主考官又把陸游排在秦塤前面，秦檜這下受不了了，直接將陸游的名字從榜單上劃掉，陸游就這樣落榜了。要不是一年後秦檜死了，陸游這輩子恐怕很難有出頭之日。

殿試時，秦檜指使主考官將秦塤內定為第一名，而張孝祥則成為第二名。

然而，就在秦檜的如意算盤即將得逞而張孝祥可能無緣狀元時，沒想到半路殺出來個宋高宗。

宋高宗翻閱秦塤的試卷時，發現他的作文裡所寫的內容全是秦檜曾經說過的話，沒有一點新意。

然而，當宋高宗翻閱張孝祥的試卷時，卻發現他的作文不但文采斐然，而且立意獨特。

宋高宗當下決定將張孝祥欽定為狀元，讓秦塤做了第三名——探花。

秦塤沒能高中狀元，雖然和張孝祥沒有直接關係，但他依然得罪了秦檜。更加火上澆油的是，張孝祥的爸爸還和秦檜的政敵走得非常近。

你們父子這是要故意和我過不去啊！

純屬巧合！

與此同時，張孝祥竟然還把秦檜的黨羽也給得罪了。

張孝祥為何會得罪秦檜的黨羽呢？原來，就在張孝祥被欽點為狀元不久，秦檜的黨羽便想讓張孝祥做他的乘龍快婿，沒想到卻被張孝祥一口回絕。

我看你是木頭人坐轎子──不識抬舉！

哼，我是你的閨女一輩子都不可能得到的男人！

秦檜一黨向來睚眥必報，得罪他們，豈會有好果子吃！

不過，誰都沒有想到秦檜一黨竟然歹毒到誣陷張孝祥的爸爸想要謀反！

謀反是要滅門的，這不是明擺著想置張孝祥父子於死地嘛！

張孝祥父子雖然沒有立刻被殺，卻雙雙被打入大牢。

新科狀元一朝變成為囚犯，張孝祥這輩子似乎要完蛋了。

就在張孝祥絕望之際，老天突然幫了他一把，將秦檜給帶走了。

秦檜一死，張孝祥父子的謀反罪名立刻被洗刷掉。
張孝祥不但被無罪釋放，還被皇帝封了官。

秦檜死後，張孝祥的老師湯思退接班做了宰相，張孝祥自
然屢屢受到提拔。

張孝祥初入職場，不懂職場如戰場，結果一不小心得罪一位老同事。

　　老同事一升官，做的第一件事便是報復張孝祥，導致他被罷官。他之前在官場上的所有努力，一夕之間全打了水漂。

後來，張孝祥雖然被重新起用，卻被派到大夥都不願意去的平江府做了知府。

雖然做地方官遠不如做京官氣派、悠閒，但張孝祥卻從不叫苦喊累。

值得一提的是，張孝祥還挺有做神探的潛力。他做平江府知府期間，從來沒有遇到破不了的案子。

在平江府，最讓張孝祥頭大的是那裡的富豪們。這幫人都不是省油的燈，仗著有錢有勢，經常違法牟取暴利。

張孝祥特別硬氣，直接將那幫富豪們全部關進監獄，光沒收他們的糧食就高達數萬斛。

說來也巧，第二年平江府發生饑荒，張孝祥正好將沒收的糧食全部拿去賑濟災民，幫老百姓解決溫飽問題。

張孝祥是個好官，這是毋庸置疑的，但悲摧的是，他有兩個讓人操心的老師，搞得他差點名節不保。

小知識

張孝祥的兩個老師都是宰相，一個是之前提到的湯思退，另一個叫張浚。兩人都非常欣賞張孝祥，這沒什麼問題，問題就出在他們對待金國的態度：湯思退主張議和，張浚主張對敵作戰。

張孝祥夾在湯思退和張浚之間，時而主張議和，時而主張對敵作戰。

　　不管主和派占上風，還是主戰派占上風，張孝祥都會受到重用。所以，他將來一定能大展宏圖。但可惜的是，他在三十八歲時卻因病去世，結束了短暫的一生。

8

陳文龍

我要讓蒼天知道，我不認輸

中國歷史上，曾經湧現出無數民族英雄。例如，精忠報國的岳飛、赤膽忠心的于謙。

很多人可能不知道，在南宋末年，有個民族英雄與岳飛、于謙齊名，且三人還被稱為「西湖三忠肅」。

這個民族英雄是誰呢？他就是抗元名將陳文龍。

陳文龍打小就勤奮好學，別人「打籃球」時，他在學習；別人「玩遊戲」時，他在學習；就連他上廁所時，也不忘學習。

每次看到考試成績在全校名列前茅時，難道不香嗎？

後來，陳文龍憑藉優異的成績考中狀元，並且做了官。

做為一個正直的人，卻屢屢被奸臣提拔，讓我情何以堪！

小知識

知道陳文龍在朝中有多受歡迎嗎？甚至可以說受歡迎到讓他自己感到尷尬。為何會這麼說呢？因為就連大奸臣賈似道都十分欣賞他的才華，且屢屢提拔他。

陳文龍之所以能做御史臺的監察御史，就是做為丞相的賈似道提拔。

　　雖然賈似道對陳文龍有知遇之恩，但陳文龍偏偏不買他的帳。

不是一路人，不進一家門！

看來是個餵不熟的白眼狼！

小知識

以前，御史臺想做什麼都會第一時間向賈似道彙報，賈似道同意後才能做，如果不同意，就什麼也不能做。等到陳文龍進了御史臺，他卻把賈似道當空氣，從來不向他彙報一丁點的事，這下把賈似道給得罪了。

當你選擇做奸臣的那一刻起，就註定會給自己找麻煩！

讓你做監察御史，是我給自己找麻煩啊！

這還不算，陳文龍還敢公然和賈似道對著幹。

小知識

有一次，一個知府請求實施一項關於農田改革的政策，賈似道表示大力支持，但陳文龍卻發現其中有很多弊端，便上疏極力反對。當時，差點把賈似道氣到吐血。

不久，蒙古帝國發起消滅南宋的戰爭。但想要滅掉南宋，必先攻取南宋的重鎮襄陽。於是，蒙古大軍將襄陽重重包圍。

儘管軍情緊急，但賈似道卻像個局外人似的，整天只顧著「撩妹」、「跳舞」、「登山」、「泡溫泉」……

明天會發生什麼，誰能知道？

所以，此刻讓我們盡情地一起搖擺！

最可笑的是，賈似道表面上向皇帝請求到前線督戰，背地裡卻讓他的狗腿子上疏挽留自己。

陛下，丞相去不得，朝廷片刻都離不開丞相！

愛卿真是忠臣啊！

陛下，臣懇請親自到前線督戰，哪怕為國捐軀，也在所不惜！

襄陽危急，賈似道又不願意去，怎麼辦呢？好辦，派別人去。

派誰去比較合適呢？說起來，賈似道看人的眼光還真不敢恭維。朝中有不少悍將，他偏偏選中范文虎這個大草包。

小知識

知道范文虎有多無能嗎？他帶著大軍到達襄陽後，整天待在軍營裡和老婆、歌姬各種快活，就是不出兵。好不容易等到他出兵了，又屢屢被打成狗。

讓一個大草包救援，襄陽不淪陷，還有天理嗎？所以，不久襄陽便淪陷了。

襄陽淪陷，按理說將范文虎拉出去槍斃一個小時都不過分。但有人請求誅殺范文虎以謝天下時，賈似道不但捨不得殺他，反而還委以重任。

　　見賈似道沒有嚴懲范文虎這種廢物，反而還廢物利用，陳文龍十分生氣。更讓他氣憤的是，賈似道還重用了趙溍和黃萬石兩個蠢貨。

陳文龍忍無可忍，便去找賈似道理論。

這下，陳文龍徹底激怒賈似道，賈似道先將他降職，然後再將他罷官。

然而，沒過幾年，陳文龍指責范文虎、趙溍和黃萬石的話全應驗了。

此時，蒙古帝國的國號已改成「大元」，就是我們熟知的元朝。當元軍進攻南宋時，范文虎第一個投降，而且還反過來幫助元軍攻打宋軍。當賈似道戰敗時，趙溍第一個帶頭逃跑，搞得賈似道恨不得掐死他。至於黃萬石，京城在他的治理下，簡直亂成一鍋粥。

這時，賈似道非常後悔當初沒有聽陳文龍的話將范文虎、趙溍和黃萬石三人全部罷官。

不久，賈似道又重新起用陳文龍。

陳文龍在老家興化做指揮官期間，南宋叛將王世強帶領元軍突然殺入廣州。

王世強殺人如麻，福州、泉州和建寧的守軍都不敢招惹他，於是紛紛投降。

興化隸屬於福州，陳文龍不願投降，福州知府王剛中便派人去勸降陳文龍。

陳文龍二話不說，將王剛中的正使給宰了，讓副使帶著他寫給王世強和王剛中的書信回去。

　　王世強和王剛中拆開書信一看差點氣死，因為裡面全是責備他們的話。

　　為了對付元軍，陳文龍積極組織士兵和百姓守城。儘管城中守軍不滿一千，但元軍硬是沒能攻破。

元軍見強攻不行，便派陳文龍的親家拿著書信去勸降。豈料陳文龍看都不看，直接燒掉。

　　為了向眾人表明自己與元軍血戰到底的決心，他還親手殺了自己的親家。

我要讓蒼天知道，我不認輸！

　　面對強大的元軍，手下人也曾勸陳文龍投降，但陳文龍卻對他們說：「你們只是怕死罷了！但你們卻不知道，來到這個世上，沒人能活著回去！」

現在就向命運低頭，為時尚早！

為了扭轉不利局面，陳文龍便派部將林華到邊境偵察敵情。但讓陳文龍沒有想到的是，林華一出城，不但立刻投降，還帶領元軍殺到城下。

更悲摧的是，城中也有叛徒，且趁陳文龍不備，悄悄打開城門，引元軍殺入城中。

興化城很快被攻破，而陳文龍和家人都成為俘虜。

元軍想勸降陳文龍，但他寧死不降。元軍見他倔強，便對他百般凌辱。陳文龍大義凜然地指著自己的肚子，對元軍說——

這裡面裝的全是忠君愛國的文章，你確定有能耐逼迫我投降嗎？

哼，牛不喝水強按頭！

元軍雖然再三強迫他投降，但他始終不肯屈服。

我是個蒸不爛、煮不熟、捶不扁、炒不爆、響噹噹一粒銅豌豆！

我看你是死鴨子——嘴硬！

元軍實在沒招了，便將陳文龍押往杭州。一路上，陳文龍開始絕食，到達杭州沒多久，便去世了。

小知識

據說，陳文龍到達杭州後，曾要求去拜謁岳飛廟，在岳飛墓前氣絕而亡。去世後，陳文龍被埋在西湖旁邊的智果寺。由於岳飛、于謙都被埋在西湖旁邊，所以他們三人才被稱為「西湖三忠肅」。

陳文龍去世時，母親被關押在福州的尼姑庵中。

當時，她身患重病，卻無藥可吃，身邊的人見狀，無不落淚。然而，她卻對大家說——

我和兒子一起死去，又有什麼可遺憾的呢！

沒過多久，陳母便去世了。大家都嘆息說——

正是因為有這樣的母親，所以才有這樣的兒子啊！

文天祥

殺我，你怕了嗎？

南宋末年，有個男子「偶像天團」，名叫「宋末三傑」，是由三位傑出的民族英雄組成。分別是給百萬年薪也不願跳槽的張世傑、背著小皇帝跳海殉國的陸秀夫，以及今天要講的男一號：文天祥。

有人說，沒有英雄的時代是可嘆的，需要英雄的時代是可悲的。生在可悲的南宋，文天祥的一生註定是悲壯的。

今天，我們就來看看文天祥悲壯的一生。

一、金榜題名

年少時，文天祥整天紮在書堆裡埋頭苦讀，為的是將來能夠透過科舉考試謀取一官半職，以便日後報效國家。

我要做一個對國家有貢獻的人！

有一年，文天祥看到學校祭祀的歐陽修、楊邦乂和胡銓三人的畫像，為他們的諡號中帶有「忠」字而羨慕不已，還說——

如果不能成為他們那樣的人，就算不上真正的男子漢！

小知識

什麼是「諡號」呢？其實，就是人死後，根據其一生的是非功過，取一個具有評價意義的稱號。不過，不是任何人都有資格擁有諡號，只有帝王將相等社會地位高的人才有資格。做為唐宋八大家之一的歐陽修，他的諡號「文忠」。楊邦乂是北宋時期的民族英雄，金軍入侵中原時，他寧死不降，最後被剖腹挖心而死，諡號「忠襄」。胡銓是南宋時期的愛國英雄，一生堅持抗金，反對議和，諡號「忠簡」。

二十歲那年，學富五車的文天祥進京參加殿試。

當時，皇帝讓以「效法天道，自強不息」為題寫一篇作文。文天祥大筆一揮，便寫下一萬多字。

> 你讓我這種經常為湊不夠八百字而發愁的人情何以堪！

皇帝看完文天祥的作文後，不禁拍案叫絕，立刻讓他做了狀元。

就連閱卷老師看完他的作文後，也不禁感嘆道——

> 這篇作文，以古鑑今，表現出來的忠肝義膽如鐵石一般，我為大宋能夠得到你這樣的人才而自豪！

二、屢遭排擠

當時，元朝的軍隊三天兩頭到南宋砸場。

南宋是個弱雞，不堪一擊，屢戰屢敗。於是，大宦官董宋臣便出了個餿主意：遷都。

董宋臣仗著深受皇帝寵信，殺人放火，無惡不作，因此，人送綽號「董閻羅」。

　　滿朝文武百官雖然都清楚遷都容易動搖國本，但沒有一人敢站出來反對董宋臣。

你是電，你是光，你是南宋唯一的智障！

就在文武百官都變成「啞巴」時，文天祥勇敢地跳出來，並發出時代最強音。

皇帝哪裡捨得殺董宋臣，所以並未搭理文天祥。文天祥很氣憤，當下便辭職不幹了。

後來，文天祥雖然被重新起用，卻又碰到一個大壞蛋，就是曾經提過的大奸臣賈似道。

有一次，賈似道用辭職要脅皇帝。皇帝離不開他，便讓文天祥起草詔書挽留賈似道，沒想到文天祥卻在詔書中將賈似道挖苦一番。

按規定，起草的詔書需要拿給上級部門進行審查，但文天祥卻偏不這麼做，這下惹毛了賈似道。

我看你是屬黃瓜的，欠拍！

我看你是屬核桃的，欠鎚！

　　不久，賈似道便唆使狗腿子彈劾文天祥，致使文天祥在三十七歲時便早早地退休了。

年紀輕輕就開始領退休金，好尷尬！

不過，當時南宋比較缺人才，
所以文天祥很快又被重新起用。

這世界，不怕你不
能被重新起用，就
怕你沒用！

三、英勇抗元

　　就在文天祥擔任贛州知府期間，元朝派遣三路大軍直取京
城。京城告急，皇帝在群組發訊息，召集天下兵馬進京勤王，
卻沒人回應。

最怕空氣突然
安靜！

文天祥聽說京城危急，立刻拿出全部家當，招兵買馬，進京勤王。

在文天祥的努力下，招募了上萬人。就在文天祥準備帶著這些兵進京勤王時，卻被朋友攔住了。

元軍兵分三路攻打京城，你只帶領一萬多烏合之眾，無異於驅趕著群羊去和猛虎戰鬥！這不是白白送死嗎？

我何嘗不知道呢？但國家有難，卻沒有一人願意保衛京城，我為此感到遺憾！我之所以不自量力，就是希望天下忠勇之士聽到我的事蹟後，能夠奮起反抗，那麼國家就有救了！

文天祥不聽朋友的勸阻，毅然決然地帶兵奔向京城。

小知識

文天祥忠肝義膽，又文武雙全，按理說，到達京城後應該受到重用吧？然而並沒有！當一幫蠢材紛紛受到提拔時，文天祥卻被派到地方做官。

讓我做地方官，不是孔夫子教三字經──大材小用嘛！

然而，讓文天祥沒有想到的是，元軍竟然在短短幾個月內便攻破京城，並迫使皇帝投降。

文天祥等一大批不願做亡國奴的愛國人士，重新組建流亡政府，並指揮宋軍抗擊元軍。

不久，南宋的流亡政府任命文天祥為右丞相，並派他前往元軍大營，與元軍進行談判。

一見面，文天祥便把元朝丞相給氣個半死，氣呼呼地把他扔進了大牢。

有一天，文天祥趁元軍不備，悄悄逃了出來。

不過，說起來也挺驚險，剛逃出敵人魔掌的他，差點冤死在自己人手裡。

不怕神一樣的對手，就怕豬一樣的隊友！

這是怎麼回事呢？原來，當文天祥逃到真州時，揚州知府得到錯誤情報，誤以為文天祥是去勸降的，便命真州守將苗再成殺了他。

文天祥已經背叛祖國，我命令你宰了他！

你怕是對文天祥有什麼誤解吧？

苗再成不忍心殺文天祥，便派兩組人去試探他。如果發現他真是來勸降的，便打算殺掉他。結果，兩組人都發現文天祥是個「愛國青年」，所以都不忍心殺他。

就是就是！「愛國青年」竟然被當成了賣國賊，他太冤了！

說文天祥背叛祖國，打死我都不信！

　　隨後，苗再成派人護送文天祥去揚州，讓他親自向揚州知府解釋。
　　然而，剛到揚州城下，文天祥便聽說揚州官員正在捉拿他。進城等於自投羅網，文天祥決定與護送他的人一起離開揚州。

此地不宜久留，撤！

途中，文天祥幾次碰到元軍，險些被抓。

為了避免被元軍抓獲，文天祥花錢雇傭兩名樵夫，將他藏進籮筐，一直抬到高郵，然後乘船到達溫州。

如今，皇帝已經投降，必須立個新皇帝來領導大家抗元。於是，文天祥與張世傑、陸秀夫等人擁立年僅八歲的宋端宗為皇帝。

儘管南宋有了新皇帝，但並未迎來新氣象。

就在宋端宗即位的第二年，文天祥的老婆、孩子都被元軍俘虜。要不是部將趙時賞搭救，文天祥恐怕也成為元軍的俘虜。

小知識

趙時賞是一位智勇雙全的將領，當初被抓後，元軍問他是誰，他故意誤導元軍說自己姓「文」。元軍以為他就是文天祥，所以並未繼續抓捕，文天祥才得以逃脫。每次元軍抓到宋軍將領時，趙時賞便故意辱罵元軍說：「這麼小的官，你們也抓，腦子有病吧？」很多將領因此被釋放。等到趙時賞與諸將被砍頭時，有個將領怕死，多次求饒，趙時賞喝斥說：「死就死了，何必這麼丟臉呢？」不久，趙時賞英勇就義。

十八年後，老子又是一條好漢！

現在就送你去見閻羅王，問問他答應不答應！

後來，軍中發生瘟疫，文天祥的母親與他唯一的兒子都染疫，不幸去世。

文天祥的親人被抓的被抓，病逝的病逝，這已經夠悲慘了吧？

還有更悲慘的事等著他！

當時，潮陽有兩大禍害，一個叫陳懿，一個叫劉興。兩人毫無原則和底線，一會兒恬不知恥地反叛，一會兒又恬不知恥地投降。

文天祥一帶兵進入潮陽，便打跑陳懿，斬殺劉興。

人不要臉，必死無疑！

讓文天祥沒有想到的是，陳懿竟然勾結元軍的大元帥張弘
範悄悄地殺回來。

> 你的魔鬼
> 又來了！

> 好想吃點辣的
> 冷靜一下！

當時，文天祥正在吃飯，元軍突然殺出，殺文天祥個措手
不及。文天祥還未來得及逃走，就被當場俘虜。

> 誰還沒有
> 點背的時
> 候呢！

> 你不是挺
> 猖狂嗎？

> 怎麼會落
> 我手裡？

文天祥本來想吞龍腦自殺，結果沒死成。

四、寧死不屈

　　當自殺未遂的文天祥被押到張弘範面前時，元軍強迫他向張弘範行跪拜之禮，但他寧死不從。

張弘範見文天祥挺有骨氣，非常欽佩他，於是以賓客的禮節招待。

英雄就該有
英雄的待遇！

當時，抗元名將張世傑等人帶著宋少帝逃到廣東的崖山。

小知識

宋少帝是宋端宗的弟弟，宋瑞宗在海上漂泊期間曾落水染病，不久去世，時年九歲。隨後，大臣擁立其弟，也就是宋少帝即位。

張弘範想讓文天祥寫信招降張世傑，結果被文天祥罵得狗血淋頭。

文天祥不肯寫勸降信，張弘範就百般強迫他，結果，在乘船路過零丁洋時，張弘範意外強迫文天祥寫下一篇名垂千古的名詩：

〈過零丁洋〉

辛苦遭逢起一經，干戈寥落四周星。
山河破碎風飄絮，身世浮沉雨打萍。
惶恐灘頭說惶恐，零丁洋裡嘆零丁。
人生自古誰無死？留取丹心照汗青。

意思是說，回想起多年前，我歷盡千辛萬苦參加科舉做了官。如今，我在抗元的戰火中已經熬過四個年頭。山河破碎，猶如狂風中的柳絮；我一生起起伏伏，如同驟雨裡的浮萍。惶恐灘的慘敗讓我至今依然惶恐，在零丁洋裡，我感嘆自己孤苦零仃。自古以來，有誰能長生不死呢？我要留下一片愛國的丹心映照史冊。

張弘範見勸降不成，便對崖山發起總攻擊。

宋軍不敵，在走投無路之際，左丞相陸秀夫背著年僅八歲的宋少帝跳海自殺，隨後十萬南宋軍民相繼跳海殉國，史稱「崖山之戰」。

自此，南宋徹底滅亡。

我大宋徹底完了！

南宋滅亡後，張弘範大擺宴席，並在席間想要勸降文天祥。

如今南宋已經滅亡，如果你能像侍奉宋朝皇帝一樣侍奉大元皇帝，依然可以繼續做丞相！

國家滅亡，我未能拯救，也未能以死報國，怎麼還敢懷有二心，妄圖苟且偷生呢？

張弘範見文天祥寧死不降，便派人將他護送到京城。

路上，文天祥一直絕食。一般人絕食三、五天就會死亡，但文天祥絕食八天硬是沒死成，氣得他開始暴飲暴食。

想死怎麼這麼難呢？

等到達京城，元軍讓他住「五星級飯店」，且大酒大肉地伺候著，但文天祥卻常常不吃不喝坐到天亮。

別來煩我好不好？

該吃吃，該喝喝，遇事別往心裡擱！

洗洗澡，看看錶，舒服一秒是一秒！

有一天，元朝的大老闆——元世祖忽必烈想要搜求南宋的官員，委以重用，南宋降臣王積翁當即向忽必烈推薦文天祥。

隨後，王積翁向文天祥傳達忽必烈想要重用他的旨意，文天祥卻說——

國家滅亡，我本該以死報國，但如果能得到寬宥，以道士的身分回歸故鄉，他日再以世俗之外的身分為你們的皇帝當顧問，還可以考慮！

如果立刻給予高官厚祿，不僅亡國的士大夫不願意這麼做，還等於拋棄我一生的抱負，那麼，你們重用我這種人有什麼用呢？

好有道理哦！

王積翁非常欽佩文天祥，於是打算聯合十名南宋降臣一起請求釋放文天祥，讓他以道士的身分回老家。

　　然而，其中有個也曾高中狀元的人，名叫留夢炎，他卻站出來極力反對。

如果我們將文天祥放出去後，他繼續組織民眾抗元，我們怎麼向皇帝交代？

這個——確實無法交代！

　　留夢炎不同意，釋放文天祥的事也就沒戲了。

狀元何苦為難狀元？

因為同行是冤家！

文天祥在京城一待就是三年。

小知識

忽必烈知道文天祥不會屈服，曾多次想放了他。不過，朝中小人太多，總是百般詆毀他，致使忽必烈改變主意。

文天祥是個危險人物，放不得！放了他，如同放虎歸山，遺患無窮！

好吧，聽你的！

如果不是接下來發生三件怪事，說不定文天祥還能等到獲得自由的那一天，但可惜的是，這三件怪事要了他的命。

第一件怪事，福建有一名妖僧聲稱土星冒犯帝座星，懷疑天下將有叛亂。

放眼天下，除了文天祥，誰還有能力號召天下人發動叛亂呢？

第二件怪事，中山有一個狂人，自稱是大宋皇帝，手下有上千名士兵，打算救出文天祥。

哪怕打到只剩我一人，我也要救出文天祥！

第三件怪事，京城有一封匿名信，說有人將在某日放火燒城，並率領士兵作亂，到那時丞相就沒有什麼憂慮了。

這封匿名信上所說的丞相，八成是文天祥！

接連發生的三件怪事讓惜才的忽必烈對文天祥動了殺心，於是，忽必烈召見了文天祥，並問他有什麼願望。文天祥回答說——

我身為宋朝的丞相，哪能侍奉二主！希望能賜我一死，我就心滿意足了！

我長這麼大，還從來沒見過提這種要求的人！

忽必烈仍然下不了決心殺文天祥，便急忙揮手，讓他退下。

就在這時，有人建議應該答應文天祥的要求。

忽必烈頭腦一熱，就答應了。不過，過了一會兒，忽必烈又突然後悔，連忙派人去阻止，但文天祥已經被殺了。

小知識

臨刑前，文天祥曾十分欣慰地對獄卒說：「我的事總算完了！」緊接著，他朝著南宋所在的南方跪拜數次，然後才從容赴死。

文天祥去世後，妻子為他收屍時，發現他衣服中藏有一封絕命書，寫道——

孔子教導我們成仁，孟子教導我們取義，只有把道義做到極點，仁德自然就會做到極致。我們讀聖賢書，學到的是什麼？不正是仁義嘛！既然學會了仁義，從今以後，我可以算得上是問心無愧了！

10

黃觀

一個考神附體的六首狀元

從隋、唐到清朝，科舉制度一共延續將近一千三百年，據說有名有姓的狀元共有五百九十九人。

知道連中三元的有多少人嗎？僅有十幾人。也就是說，平均將近一百年才出現一個。

小知識

什麼是連中三元呢？鄉試的第一名稱「解元」，會試的第一名稱「會元」，殿試的第一名稱「狀元」。如果一個人能在三場考試中集滿解元、會元和狀元，那便是「連中三元」。

連中三元者，必有考神附體！

連中三元者已經鳳毛麟角了，知道連中六元是一種什麼體驗嗎？中國歷史上只有兩個人有過這種體驗，其中就包括明朝的黃觀。

敢問黃老師，連中六元是一種什麼體驗？

那是飛一般的感覺！

小知識

什麼是連中六元呢？眾所周知，科舉考試分為四級：童試、鄉試、會試和殿試。其中，童試又被分為三級：縣試、府試和院試。童試的三級考試的第一名皆稱「案首」。考生集滿童試中的三個「案首」稱「小三元」，集滿鄉試、會試和殿試的第一名稱「大三元」。如果同時集滿「小三元」和「大三元」，則稱「連中六元」，該人則被稱為「六首狀元」。

一個人連中六元的機率，如同一個人在同一天被雷劈中六次！

做為一個千年不遇的奇才，黃觀本來應該燦爛過一生，但不幸的是，他碰上一個資深造反者——燕王朱棣。

朱哥一笑，生死難料！

不好意思，黃哥不怕死！

當時，諸侯王的勢力都非常強大，而朱棣則是諸侯王中的扛壩子。

做為明朝的大老闆，建文帝為了鞏固皇權，便下令削藩，結果逼反了他的叔叔朱棣。

東風吹，戰鼓擂，現在世上究竟誰怕誰？

烏龜怕鐵鎚，蟑螂怕拖鞋！

見朱棣造反，黃觀氣呼呼地幫建文帝寫了一封文采斐然的詔書，將朱棣罵得狗血淋頭，還責令他遣散軍隊，然後把自己捆成粽子，進京請罪。

叛徒，你這是在玩火，我勸你快快束手就擒！

給你一個眼神，你自己體會！

朱棣文武雙全，自然不會束手就擒，他只用了三年便打進都城南京。

哈哈哈，幸福來得太突然了，讓我措手不及！

一進南京城，朱棣發現皇宮突然燃起大火。等大火被撲滅後，發生了一件怪事：建文帝人間蒸發了！

小知識

關於建文帝的下落，目前主要有兩種猜測：第一種，自焚而死。建文帝見大勢已去，於是點火自焚。朱棣進入皇宮後，曾有宦官指著一具面目全非的屍體，說他就是建文帝；第二種，化妝成和尚，逃出皇宮，這也是最為流行的一種說法。據說，鄭和下西洋就是為了到海外尋找建文帝。

朱棣占領京城後，立刻登基稱帝，史稱「永樂皇帝」。

好嗨喲，感覺人生達到巔峰！

朱棣稱帝後，做的第一件事就是嚴懲建文帝的黨羽。為此，他還專門列了黑名單。黃觀不但榜上有名，且位列第六。

上了我的黑名單，你死定了！

能上一個叛徒的黑名單，我很榮幸！

大夥都知道，玉璽是皇帝專用的印章，象徵著至高無上的權力。如果皇帝沒有玉璽，將是一件非常尷尬的事，而朱棣就遇到這麼尷尬的事。

場面一度十分尷尬！

如今，建文帝生死不明，玉璽在哪裡呢？在黃觀手裡。當初朱棣起兵造反時，建文帝派黃觀拿著玉璽去外地招募士兵了。

玉璽在手，
招兵不愁！

朱棣聽說玉璽在黃觀手中，立刻派人去捉拿黃觀，企圖奪回玉璽。

奪不回玉璽，
你就別回來了！

朱棣未能抓到黃觀，卻抓住他老婆翁夫人和兩個女兒。

把妳們送進妓院是不是太便宜妳們了？

你卑鄙！你無恥！你下流！

緊接著，朱棣幹了一件令人髮指的事：將翁夫人和她兩個女兒全部嫁給象奴。

小知識

什麼是象奴呢？就是以馴養大象為生的奴隸，主要是由戰俘或其他國家進貢而來，地位非常卑賤的人。明、清時期，皇帝為了羞辱和他們作對的人，時常將這些人的妻女嫁予象奴。

堂堂一代帝王竟然做出男人聽了會沉默、女人聽了會流淚的事，說出去也不怕被人恥笑？

誰要是敢恥笑我，我會讓他死得很難看！

可惜朱棣太不了解翁夫人和她的兩個女兒，她們寧願死，也不願受此奇恥大辱。

就在象奴向翁夫人索取金銀首飾拿去換酒菜時，翁夫人大大方方地將自己全部的金銀首飾送給了象奴。

象奴一離開，翁夫人立刻帶著兩個女兒和家人共十人，全部跳河自殺了。

小知識

據說，翁夫人跳河時曾將血吐到一塊石頭上，並在石頭上形成一個影子，一到陰雨天影子就會顯現。後來，有個僧人將石頭抬到寺廟中，當天夜裡，翁夫人便托夢給他說：「我是黃狀元的老婆！」等到天亮，僧人舀了一瓢水，澆到石頭上，發現影子更加清晰，且一副哀愁的樣子。後人替這塊石頭取了個名字，叫「翁夫人血影石」。

黃觀聽說老婆被抓後，是何反應呢？他只是嘆息地說了一句話。

我老婆是個忠貞烈女，她一定會自殺！

聽說朱棣已經占領南京，黃觀知道大勢已去，於是穿戴好朝服，投江而死。

11 傅善祥

別小看女生，尤其是考上榜首的

在男尊女卑的封建時代，女人平時只有相夫教子的分。儘管如此，也湧現出不少替父從軍、代夫領兵甚至做皇帝的女強人。

歷史上連女將軍和女皇帝都有，那麼有沒有女狀元呢？當然有，就出現在清朝。不過，中國歷史上只有一位女狀元，她叫傅善祥。

小時候，其他的小女孩都喜歡跳繩、踢毽子，而傅善祥唯獨喜歡讀書，尤其是歷史書。

讀史使人明智！

本該歲月靜好，奈何世事無常。傅善祥八歲那年，爸媽突然去世，打破她平靜的生活。

世上只有爸媽好，沒有爸媽的孩子像根草！

沒有爸媽寵著，傅善祥開始了悲慘的人生：十三歲時，被迫嫁給比自己小六歲的孩童；十八歲時，老公病逝，變成寡婦；不久，又險些被惡婆婆賣掉。

我打小缺鈣，長大缺愛，老公不疼，婆婆不愛！

然而，就在傅善祥為自己的未來而發愁時，一個叫洪秀全的男人振臂一呼，改變了她的命運。

等你，救我！

別急，我馬上帶兵殺過去！

洪秀全，一個曾經重考多年還是沒有金榜題名的考生，一氣之下發動金田起義，自稱「天王」，建立太平天國。

　　沒幾年，洪秀全便攻破傅善祥的老家南京，然後將其改名為「天京」，並做為太平天國的都城。

別看洪秀全參加科舉考試不行，但舉辦科舉考試卻有一套。他打破一千多年來從不讓女人參加科舉考試的慣例，開創了女科，並號召所有會讀書寫字的女人參加科舉考試。

祝妳們考的全會，矇的全對！

就怕一看就會，一做就廢！

　　科舉考試就像現在的指考一樣，雖然不是唯一改變命運的方式，卻是最好的改變命運的方式。
　　當飽讀詩書的傅善祥聽說太平天國要舉辦女科時，毫不猶豫地報名。

我要逢題必會！

我要超常發揮！

考試結束後，洪秀全看過傅善祥的試卷，那是讚不絕口，當即欽定傅善祥為狀元。

傅善祥就這樣成為中國歷史上第一位女狀元，也是中國歷史上唯一一位女狀元。

小知識

科舉考試基本上三年舉行一次，而太平天國一共持續了十四年，為何傅善祥卻成為中國歷史上唯一一位女狀元呢？這是因為在古代能夠識文斷字的女性實在太少，而太平天國治下能識文斷字的女性就更少了，壓根不足以支撐女科延續下去，所以女科在舉辦一屆後便被廢除了。

高中狀元後，傅善祥很快被太平天國的二當家 ── 東王楊秀清看中，然後將其召進東王府，做了女祕書。

女祕選得好，老闆沒煩惱！

好眼力！

楊秀清是個大老粗，他認識的字估計十根手指頭能數得出來。所以，一旦有公文需要處理，他都會拿給傅善祥，讓她幫忙批閱。

男女搭配，幹活不累！

不，是男老闆不累，女祕書受罪！

傅善祥的工作能力特別強，每次都能出色地完成楊秀清交給她的任務，因此頗得楊秀清的歡心，還被楊秀清破格提拔她為「恩賞丞相」。

　　傅善祥就這樣成了太平天國的女丞相。

　　傅善祥不但有才華，而且還是個大美人。長期待在楊秀清這個大色狼身邊，楊秀清能不動心嗎？所以，不久楊秀清便霸占了傅善祥。

傅善祥甘心被楊秀清霸占嗎？她壓根沒有選擇的機會，不然她會死得很慘。

成為楊秀清的女人後，傅善祥經常勸楊秀清做一些有助於女同胞的事。例如，廢除女館，提倡男女平等，解放女性。

小知識

當時，太平天國內實行男女分營管理。男性都居住在男館，女性都居住在女館，這導致即便是一家人也無法經常見面。傅善祥對這種嚴重違背人性的做法十分反感，於是勸說楊秀清下令廢除女館，恢復家庭制度，還廢除女子不准改嫁等法令。

姊妹們，我只能幫妳們到這了！

已經功德無量了！

傅善祥最看不慣太平天國那幫為非作歹的老臣，所以時常將他們罵成狗。有時候脾氣一上來，她連楊秀清都敢罵。

我看妳是吃了熊心豹子膽！

被傅善祥忤逆，楊秀清十分生氣，便誣陷傅善祥吸食鴉片，然後將她關進大牢。

不過，楊秀清特別惜才，沒過多久又把她給放了，且繼續委以重用。

怎麼忍心怪妳犯錯，是我給妳自由過了頭！

後來，楊秀清想要篡位，逼迫洪秀全封他為「萬歲」。洪秀全當然不願意，於是發動「天京事變」，滅了楊秀清滿門。

楊秀清被殺後，傅善祥也不知所終。

小知識

關於傅善祥的下落，目前主要有三種說法：一、天京事變前，削髮為尼，躲過一劫；二、天京事變中，被亂軍所殺；三、天京事變後，嫁於他人，從此隱姓埋名。

後不後悔當初參加科舉考試？

當然不後悔！如果讓我重新選擇，我依然會毫不猶豫地參加科舉，因為高中狀元，讓我迎來了人生中的輝煌時刻！

12

劉春霖
「第一人中最後人」的末代狀元

清朝光緒三十一年（一九〇五年），是一個讓無數想要透過科舉考試出人頭地的考生悲傷逆流成河的一年。

世界有多大，我的悲傷就有多大！

考生們怎麼突然悲傷逆流成河了呢？因為這一年清政府一紙詔令，廢除了從隋、唐開始延續了將近一千三百年的科舉制度。

今後，小夥伴們再也體會不到「春風得意馬蹄疾，一日看盡長安花」的喜悅了！

說起來，在封建時代，還沒有比科舉制度更公平的人才選拔方式。

小 知 識

之前說過，普遍認為科舉制度出現在隋、唐時期。但你知道在隋、唐之前，國家是怎麼選拔人才的嗎？首先靠爸，其次靠官員推薦，再次靠名氣大而被朝廷徵用。這些選拔人才的方式對於普羅大眾而言基本沒戲，自從科舉制度出現後，這種局面被徹底改變了。與以往選拔人才的方式相比，科舉制度有三大優勢：一、為國家廣泛招攬人才；二、為寒門子弟提供上升管道，讓他們與官宦子弟擁有同等競爭機會；三、打破達官顯貴壟斷統治權力的局面，緩解階級矛盾，有助於封建社會的穩定和發展。

別的選拔人才的方式和科舉制度相比，就如同和孫猴子比翻觔斗，差著十萬八千里呢！

既然科舉制度那麼好，為何說廢就廢了呢？這是因為科舉制度已經過時了！

小知識

科舉制度一用就是一千多年，能不過時嗎？再說了，隨著時代的發展，考試內容卻愈來愈窄，壓根沒有自由發揮的餘地，尤其是明、清時代的八股文，嚴重束縛知識分子的思想。在這種情況下，透過科舉考試選拔出來的人才，要嘛考試機器，要嘛淪為統治階級的工具。此外，科舉制度僅限於選拔官吏，也無法為各行各業培養人才，例如科技人才、商業人才、醫療人才等。所以，廢掉科舉制度也算是一件功德無量的事。

自從廢除科舉制度，媽媽再也不用擔心我考不上狀元了！

孩子，媽媽又有了新目標，希望你能考上清大、臺大！

科舉制度被廢除後，國家靠什麼選拔人才呢？想要選拔人才，首先你得培養人才。想要培養人才，就得興建學校。以前，在學校只能學四書五經，學得讓人頭禿。現在，你可以在學校學到語文、數學、英語、歷史、地理、生物等。總之，總有一門學科符合你的口味。如果想當官，你可以參加公務員考試；如果想當老師，你就去考教師資格證……

然而，誰都沒有想到，就在科舉制度被廢除的前一年，一個本來不該舉行科舉考試的年分，朝廷卻突然下令開科考試。

朝廷為何突然下令開科考試呢？因為這一年慈禧太后要舉辦七十大壽。為了替她賀壽，朝廷特意增加一次科考。

品學兼優的劉春霖有幸參加這次考試，且一舉奪魁。他也意外成為中國歷史上最後一位狀元，為此，他還曾自嘲是「第一人中最後人」。

據說，最初主考官擬定的狀元是廣東人朱汝珍。當慈禧太后看到朱汝珍的名字時，突然想到被自己害死的珍妃，便心生厭惡。再一看，朱汝珍又是廣東人，不禁讓她想起搞戊戌變法的康有為、梁啟超和革命領袖孫中山都是廣東人，更是生氣，朱汝珍就這樣與狀元失之交臂了。當慈禧太后看到第二名劉春霖的名字時，想到「春風化雨，普降甘霖」，非常吉利，便讓劉春霖做了狀元。

名字取得好，運氣差不了！

當時，腐敗的清政府被日本、英國、法國等國輪流按在地上摩擦，還被逼著簽了不少賣國條約。

清政府意識到再不改革就要玩完，便一邊派人到西方國家考察政治制度，一邊派留學生到日本蹭課，學習他們的政治、法律，然後為己所用。

做為狀元的劉春霖，也是在這個時候被派往日本，做起了留學生。

留學歸來後，劉春霖認識到國內教育的不足，便全身心地投入到教育中。

讓劉春霖意想不到的是，有一天末代皇帝溥儀突然宣布退位，大清帝國從此宣告滅亡。

做為大清帝國最後的一位狀元，劉春霖的心碎得像餃子餡似的，從此閉門不出。

雖然劉春霖不在廟堂，但廟堂上卻一直有他的傳說。

民國時期，不管是袁世凱，還是徐世昌、曹錕，做了總統後，都曾高薪聘請劉春霖為他們打工。

徐世昌還曾兩次讓劉春霖代表自己在孔子的誕辰日到孔子故里主持祭祀大典。

祭祀孔夫子，沒人比你這個狀元更合適！

英雄所見略同！

後來，劉春霖看不慣那些軍閥為爭搶地盤而整天混戰，便辭官歸隱。

你們不想過安生的日子，我還想過呢！

想想就行了！

不久，日本侵略者發動「九一八事變」，搶占了東北。隨後，他們又扶植末代皇帝溥儀在東北建立偽滿洲國。

聽話，你還可以繼續做皇帝！

你讓我往東，我往東！你讓我往西，我往西！你讓我撞狗，我保證不打雞！

為了網羅人才，溥儀想到了劉春霖，打算讓他擔任偽滿洲國的教育部長。

來吧，教育部長的位置為你留著呢！

做為溥儀曾經的臣子，你們猜劉春霖答應沒？他果斷拒絕了！

給日本人當狗，我不幹！

要是在過去，你早已人頭落地！

「七七事變」後，日軍占領北平，就是今天的北京。

日本侵略者想拉攏劉春霖，並承諾讓他擔任北平市長。他們擔心劉春霖不答應，還特意讓朋友去遊說劉春霖，結果，朋友挨了劉春霖一頓臭罵。

跟著日本人混，吃香的，喝辣的！

吃相太難看，不幹！

日本侵略者見劉春霖不識抬舉，便抄了他家，還把劉春霖全家轟出家門。

今晚，帶著老婆、孩子睡天橋吧！

這裡是中國的地盤，還輪不到你們撒野！

在自己的國家竟然被侵略者抄家，簡直就是奇恥大辱！沒過幾年，劉春霖便鬱鬱而終。從此，中國歷史上再也沒有出現真正的狀元了。

永別了，科舉制度！

永別了，狀元郎！

附錄　狀元榜中榜

1. **誰是中國歷史上最年輕的狀元？**

   答：唐朝的莫宣卿，十七歲便高中狀元。

2. **誰是中國歷史上年齡最大的狀元？**

   答：唐朝的尹樞，直到七十歲才高中狀元。

3. **詩成就最高的狀元是誰？**

   答：唐朝詩人王維，被譽為「詩佛」。

4. **詞成就最高的狀元是誰？**

   答：南宋詞人張孝祥。南宋初期，他與詞人張元乾號稱
   「詞壇雙璧」，與蘇軾皆是豪放派代表人物。

5. **歷史上連中六元的狀元有幾人？**

   答：僅有兩人，分別是明朝的黃觀和清代的錢棨。

6. 歷史上有沒有狀元當皇帝？

答：僅有一位，名叫李遵頊，人稱「狀元皇帝」。他本來是西夏王朝的宗室，後來發動政變，廢掉皇帝，自立為帝，史稱「夏神宗」。

7. 歷史上有沒有既中探花又中狀元的人？

答：僅有一位，名叫馬全，曾兩次參加武舉考試。第一次考中探花，後來因為與同事打架被罷官。幾年後，再次參加考試，被乾隆皇帝欽點為狀元。

8. 誰是中國歷史上最倒楣的狀元？

答：明朝的陳安。剛考中狀元沒多久，就被明太祖朱元璋處死。這是因為當時被錄取的考生恰巧全是南方人，而北方考生不服，便聚眾鬧事。朱元璋懷疑考試有隱情，不問青紅皂白，便將陳安處死。

9. 哪個朝代考中的狀元最多？

答：唐朝，據說有名有姓的便有一百六十二人。

10. 中國歷史上，考中狀元人數排前三名的省分有哪些？

答：江蘇第一，浙江第二，河南第三。

11. 歷史上有沒有父子皆考中狀元的？

答：有，僅北宋便有三對。

12. 歷史上有沒有兄弟皆考中狀元的？

答：有，僅唐朝便有十餘對。

HISTORY 系列 092

狀元養成記：歷代榜首的功成名就

作　　者 ── 韓明輝
主　　編 ── 邱憶伶
責任編輯 ── 陳映儒
行銷企畫 ── 林欣梅
封面設計 ── 兒日
內頁設計 ── 張靜怡

編輯總監 ── 蘇清霖
董 事 長 ── 趙政岷
出 版 者 ── 時報文化出版企業股份有限公司
　　　　　　108019 臺北市和平西路三段 240 號 3 樓
　　　　　　發行專線 ── (02) 2306-6842
　　　　　　讀者服務專線 ── 0800-231-705‧(02) 2304-7103
　　　　　　讀者服務傳真 ── (02) 2304-6858
　　　　　　郵撥 ── 19344724 時報文化出版公司
　　　　　　信箱 ── 10899 臺北華江橋郵局第 99 信箱
時報悅讀網 ── http://www.readingtimes.com.tw
電子郵件信箱 ── newstudy@readingtimes.com.tw
時報出版愛讀者粉絲團 ── https://www.facebook.com/readingtimes.2
法律顧問 ── 理律法律事務所　陳長文律師、李念祖律師
印　　刷 ── 勁達印刷有限公司
初版一刷 ── 2022 年 5 月 13 日
初版六刷 ── 2023 年 5 月 19 日
定　　價 ── 新臺幣 360 元
（缺頁或破損的書，請寄回更換）

時報文化出版公司成立於 1975 年，
1999 年股票上櫃公開發行，2008 年脫離中時集團非屬旺中，
以「尊重智慧與創意的文化事業」為信念。

狀元養成記：歷代榜首的功成名就／韓明輝著.
-- 初版 . -- 臺北市：時報文化出版企業股份有
限公司 , 2022.05
240 面；14.8×21 公分 . --（History 系列；92）
ISBN 978-626-335-275-9（平裝）

1. CST：傳記　2. CST：漫畫　3. CST：中國

782.24　　　　　　　　　　　　111004721

授權著作物中文繁體版通過成都天鳶
文化傳播有限公司及天津華文天下圖
書有限公司代理，經韓明輝授予時報
文化出版企業股份有限公司出版獨家
發行，非經書面同意，不得以任何形
式，任意重製轉載。

ISBN 978-626-335-275-9
Printed in Taiwan